Une Parole de Justice!

Jose-Booz PAUL

Avocat
au
Barreau de Port-au-Prince, Haïti
Prix Mario Stasi 2021

Août 2022

"Tout le monde prétend détester les avocats, mais je n'ai jamais rencontré un parent qui ne voulait pas que son enfant devienne avocat."

Jessi Klein

"*Pour être un avocat pénaliste efficace, un avocat doit être prêt à être exigeant, outrancier, irrévérencieux, blasphématoire; un voyou, un renégat, et une personne détestée, isolée et solitaire – peu de personnes affectionnent un porte-parole des méprisés et des damnés.*"

– Clarence Darrow

"*Un jury est composé de 12 personnes choisies pour décider qui a le meilleur avocat.*"

-Thomas Jefferson

"Le temps et les conseils constituent la base du travail d'un avocat."

Abraham Lincoln

"Les avocats connaissent généralement trop le Droit pour avoir une perception correcte du système judiciaire."

Eliza Cook

"Luttez pour les valeurs qui vous tiennent à cœur, mais faites-le d'une manière qui incitera les autres à vous rejoindre."

-Ruth Bader Ginsburg

"Le pouvoir que j'exerce au tribunal dépend de la force de mes arguments et non de mon sexe."

–Sandra Day O'Connor

"Nous, avocats éduqués et privilégiés, avons le devoir professionnel et moral de représenter les personnes sous-représentées dans notre société, de veiller à ce que la justice existe pour tous, tant sur le plan juridique qu'économique."

—Sonia Sotomayor

"En vertu de notre Constitution, la liberté de se marier ou non avec une personne d'une autre race appartient à l'individu et ne peut être enfreinte par l'État."

-Loving v. Virginia 388 U.S. 1 (1967)

"Le pouvoir de l'avocat réside dans la confusion de la loi."

−Jeremy Bentham

"Les avocats sont les personnes que nous engageons pour nous protéger des avocats."

–Elbert Hubbard

"S'il n'y avait pas de mauvaises personnes, il n'y aurait pas de bons avocats."

–Charles Dickens

"Rendez justice au faible et à l'orphelin, défendez le droit de l'affligé et de l'indigent."

-Psaumes 82:3

> *"La justice ne consiste pas à être neutre entre le bien et le mal, mais à rechercher le bien et à le défendre, où qu'il se trouve, contre le mal."*
>
> **-Theodore Roosevelt**

"Si le ministère de la condamnation a été glorieux, le ministère de la justice est de beaucoup supérieur en gloire."

-2 Corinthiens 3:9

"*Que vous vouliez faire de la musique, que vous vouliez être avocat, que vous vouliez être président des États-Unis, l'essentiel pour vous tous est que vous devez aller à l'école.*"

- Michelle Obama

"Si vous voulez la paix, travaillez pour la justice."

–Pape Paul VI

"Un avocat sans culture générale, ni Histoire ni Littérature est un simple maçon en activité ; s'il possède quelques connaissances en ces matières, il peut se risquer à se proclamer architecte."

- Sir Walter Scott

"La profession d'avocat est une profession imparfaite dans laquelle le succès peut rarement être atteint sans un certain sacrifice des principes. Ainsi, tous les avocats en exercice - et la plupart des autres membres de la profession - seront nécessairement imparfaits, surtout aux yeux des jeunes idéalistes. Il n'y a pas de justice parfaite, tout comme il n'y a pas d'absolu en matière d'éthique. Mais il existe une injustice

parfaite, et nous la reconnaissons quand nous la voyons".
– **Alan Dershowitz**

"*La justice ne sera pas appliquée tant que ceux qui ne sont pas concernés seront aussi indignés que ceux qui le sont.*"

–Benjamin Franklin

"*Dans un gouvernement de lois et non d'hommes, aucun homme, aussi éminent ou puissant soit-il, et aucune foule, aussi indisciplinée ou turbulente soit-elle, n'a le droit de défier un tribunal. Si ce pays devait un jour atteindre le point où un homme ou un groupe d'hommes, par la force ou la menace de la force, pourrait longtemps défier les commandements de notre Cour suprême et de notre Constitution, alors aucune loi ne serait à l'abri du doute, aucun *juge ne serait sûr de sa décision, et aucun citoyen ne serait à l'abri de ses voisins."*

-John F. Kennedy

"Nous avons besoin de lois qui protègent tout le monde – hommes et femmes, hétérosexuels et homosexuels, peu importe la perversion sexuelle..."

–Bella Abzug

"Nous ne formons pas nos étudiants à être des avocats efficaces, nous les formons à être des plaignants, des pleurnicheurs et des fuyards. Si tu veux être avocat, tu dois être dur. Tu dois être capable de te défendre."

—Alan Dershowitz

"*Il n'y a pas de paix sans justice, pas de justice sans loi, et pas de loi digne de ce nom sans un tribunal pour décider de ce qui est juste et légal dans une circonstance donnée.*"

-Benjamin B. Ferencz

"Aucun devoir, cependant, ne nous lie à ces prétendues lois, dont l'influence corruptrice menace ce qu'il y a de plus noble dans notre être."

-Benjamin Constant

"L'injustice flagrante est là pour que tous ceux qui ne sont pas aveuglés par les préjugés puissent la voir."

–Bram Fischer

"Un avocat sans livres serait comme un ouvrier sans outils."

—Stephen Wright

"Je pense que les avocats sont terriblement incapables d'admettre qu'ils ont tort. Et pas seulement l'admettre, mais aussi s'en rendre compte. La plupart des avocats ont beaucoup de succès, et ils pensent que parce qu'ils gagnent de l'argent et que les gens ont une bonne opinion d'eux, ils doivent tout faire parfaitement."

-Alan Dershowitz

"Un bon avocat connaît la loi ; un avocat intelligent emmène le juge déjeuner."

–Mark Twain

"Les avocats estiment qu'il existe deux types de témoins particulièrement mauvais : les témoins réticents et les témoins trop coopératifs."

–Charles Dickens

"Il est vrai que nous [les avocats] ne construisons pas de ponts. Nous n'élevons pas de tours. Nous ne construisons pas de moteurs. Nous ne peignons pas de tableaux – sauf en tant qu'acteurs pour notre propre divertissement principal. Il y a peu de choses dans tout ce que nous faisons que l'œil de l'homme peut voir. Mais nous atténuons les difficultés, nous soulageons le stress, nous corrigeons les erreurs, nous prenons en charge les fardeaux

des autres et, par nos efforts, nous rendons possible la vie paisible des hommes dans un état de paix."

-John W. Davis

"La règle principale pour l'avocat, comme pour l'homme de toute autre vocation, est la diligence. Ne laissez rien pour demain qui puisse être fait aujourd'hui."

-Abraham Lincoln

"Considérer les juges comme les arbitres ultimes de toutes les questions constitutionnelles est en effet une doctrine très dangereuse, qui nous placerait sous le despotisme d'une oligarchie."

-Thomas Jefferson

"Mais si les lois doivent être ainsi piétinées en toute impunité, et si une minorité doit dicter sa conduite à la majorité, c'en est fini d'un seul coup du gouvernement républicain, et il ne faut s'attendre à rien d'autre qu'à l'anarchie et à la confusion par la suite."

-George Washington

"Il y a deux façons de conquérir et d'asservir un pays. L'une est par l'épée. L'autre est par la dette."

-John Adams

"Lorsque le corps législatif est corrompu, le peuple est détruit."

–John Adams

"La justice est la fin du gouvernement. Elle est la fin de la société civile. Elle a toujours été et sera toujours poursuivie jusqu'à ce qu'elle soit obtenue, ou jusqu'à ce que la liberté soit perdue dans cette poursuite."

—James Madison

"L'homme est soit gouverné par ses propres lois – la liberté – soit par les lois d'un autre – l'esclavage. Êtes-vous prêts à devenir des esclaves ? Allez-vous renoncer à votre liberté, à votre vie et à vos biens sans même vous battre ? Aucun homme n'a le droit de dominer ses semblables."

-Alexandre Hamilton

"Une constitution définit et limite les pouvoirs du gouvernement qu'elle crée. Il s'ensuit donc, comme un résultat naturel et aussi logique, que l'exercice gouvernemental de tout pouvoir non autorisé par la constitution est un pouvoir assumé, et donc illégal."

-Thomas Paine

"Certains pensent au sexe tout le temps ; d'autres y pensent de temps en temps ; et d'autres encore n'y pensent jamais : ils deviennent avocats."

−Woody Allen

"Un avocat ne s'occupe pas de la justice ou de l'injustice de la cause qu'il entreprend, à moins que son client ne lui demande son avis, et alors il est tenu de le donner honnêtement. La justice ou l'injustice de la cause doit être décidée par le juge."

-Samuel Johnson

"Je n'écris pas aussi bien que d'autres ; mon talent consiste à inventer de bonnes histoires sur les avocats, c'est ce que je sais faire."

—John Grisham

"Dès que vous lisez quelque chose et que vous ne le comprenez pas, vous pouvez être sûr qu'il a été écrit par un avocat. Ensuite, si vous le donnez à lire à un autre avocat et qu'il ne sait pas ce que cela signifie, vous pouvez être sûr qu'il a été rédigé par un avocat. Si le texte est rédigé en quelques mots, qu'il est clair et qu'il ne peut être compris que d'une seule façon, il a été rédigé par un profane."

-Will Rogers

"*Chaque fois qu'un avocat écrit quelque chose, il ne le fait pas pour la postérité, mais pour que d'innombrables autres personnes de son métier puissent gagner leur vie en essayant de comprendre ce qu'il a dit. Bien sûr, peut-être n'avait-il vraiment rien dit, c'est ce qui rend la chose si difficile à expliquer.*"

-Will Rogers

"Je n'ai jamais été ruiné que deux fois : une fois quand j'ai perdu un procès, et une fois quand j'en ai gagné un."

-Voltaire

"La gloire d'un bon avocat consiste à gagner de mauvais procès."

-De Honoré de Balzac

"Votre attitude déterminera dans une large mesure votre réussite, votre reconnaissance, votre réputation et votre plaisir d'être avocat."

−Joe Jamail

"La discipline fait partie de ma formation professionnelle en tant qu'avocat."

-Mohamed ElBaradei

"Les jurés veulent que les avocats aient de la compassion et soient gentils."

-Johnnie Cochran

"Dans la salle d'audience, c'est là qu'un avocat devient vraiment un acteur. La frontière est très mince entre un monologue dans une pièce de théâtre et un monologue devant un jury. C'est ce que j'ai toujours pensé – j'ai été dans beaucoup de salles d'audience. Les meilleurs avocats sont vraiment des acteurs."

-Woody Harrelson

"Je pense que les avocats qui s'engagent dans la défense pénale pro bono pour protéger ceux qui ne peuvent pas s'aider eux-mêmes sont vraiment les héros et les héroïnes de la profession d'avocat."

-Janet Reno

"Le bon avocat est le meilleur vendeur."

-Janet Reno

"Tout le monde a le droit d'être défendu, et tout avocat a le devoir de défendre des accusés. Mon devoir est de défendre, de discuter l'accusation point par point, car je pense que c'est une étape normale dans une démocratie."

-Jacques Vergès

"Les lois devraient être comme des vêtements. Elles devraient être faites pour s'adapter aux personnes qu'elles protègent."

-Clarence Darrow

"*La loi n'a pas la prétention de punir tout ce qui est malhonnête. Cela nuirait gravement aux entreprises.*"

–Clarence Darrow

www.ingramcontent.com/pod-product-compliance
Lightning Source LLC
Chambersburg PA
CBHW030508220526
45464CB00006B/2703